Aldidente mini

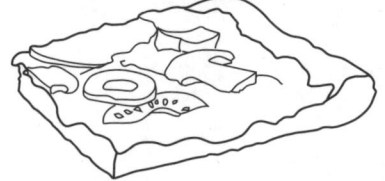

Aldidente mini

Die besten Rezepte
Pizza für alle

Zusammengestellt von Anneliese Laube

1 2 3 4   04 03 02

© Eichborn AG, Frankfurt am Main, September 2002
Umschlagillustration: Uschi Heusel
Lektorat: Oliver Thomas Domzalski
Satz und Layout: Christiane Hahn
Druck und Bindung: EuroGrafica SpA
ISBN 3-8218-3768-3

Verlagsverzeichnis schickt gern:
Eichborn Verlag, Kaiserstr. 66, D-60329 Frankfurt
www.eichborn.de

Inhaltsverzeichnis

Vorwort

Vorwort

Wissen Sie eigentlich, woher die Pizza Margherita ihren Namen hat? Es handelt sich hierbei nicht um eine bestimmte Tomatensorte und auch nicht um die Angebetete des Pizzabäckers, der 1830 in Neapel die erste Pizzeria eröffnete.

Vorher gab es die knusprige Leib- und Magenspeise der Süditaliener, meist mit Sardellen, Mozarella, Öl und Knoblauch belegt, nämlich nur an Marktständen. Eigentlich war es ja ein Arme-Leute-Essen: Teig und Tomaten gab es immer und obendrauf kam das, was man zusätzlich so ergattern konnte.

Zu verdanken haben wir den Namen der Pizza aller Pizzen jedoch keiner armen Frau – ganz im Gegenteil: Niemand geringeres als Königin Margherita von Italien beauftragte im Jahre 1889, nachdem sie von vielen Reisenden gehört hatte, welche Köstlichkeit man in Neapel zu essen pflegte, den besten Pizzabäcker Neapels, eine königliche Pizza zu kreieren. Dieser überlegte nicht lange und belegte einen dünnen Hefeboden mit weißem Mozzarella, roten Tomaten und grünem Basilikum. Die Widerspiegelung der italienischen Nationalfarben entzückte die Königin sehr und ihr zu Ehren nannte der glorreiche Pizzabäcker seine Kreation „Pizza Margherita".

Heute ist die Pizza auch aus deutschen Küchen nicht mehr wegzudenken. Wie Sie dieses würzige Backwerk und einige ihrer französischen (Quiche und Tarte), Schweizer (Wähe), englischen (Pie) oder osteuropäischen (Piroggen) Schwestern und Brüder selbst herstellen können, erfahren Sie aus diesem Buch.

Selbstverständlich können Sie jedes Rezept nach Belieben variieren – so lässt sich aus vielen Gerichten der Teile 1 und 2 durch Weglassen des Fisch- bzw. Fleisch-belags eine vegetarische Mahlzeit machen.

Pizza

Pizzateige gibt es als Fertigteige in jedem Super-
markt. Beachten Sie aber, dass dieser Teig meist
nicht mit Hefe, sondern mit Backpulver zubereitet
wird. Für die Vorratshaltung, um zum Beispiel bei
überraschendem Besuch als perfekter Gastgeber
dazustehen, eignen sich solche Teige ganz gut.
Auch eine käuflich erworbene Backmischung, bei
der Sie nur noch Wasser zufügen müssen, taugt
für den Notfall. Wenn Sie aber Wert auf einen ech-
ten Pizzateig legen, gibt es nur eins: ein selbst
zubereiteter Hefeteig.

1. *Hefeteig*
Tipps

- Der klassische Hefeteig für eine Pizza wird mit
  Olivenöl gemacht. Wenn Sie etwas anderes
  benutzen, sagen Sie es keinem Italiener ...
- Die Zutaten sollten immer Zimmertemperatur
  haben, wenn Sie sie verarbeiten.
- Die Hefe darf nie in zu heißer Flüssigkeit (mehr
  als 40°) aufgelöst werden, sonst verliert sie ihre

Kraft zum Aufgehen.

- Den Teig lieber etwas mehr durchkneten; er muss schön weich und elastisch sein. Um ihn geschmeidiger zu bekommen, geben Sie etwas mehr Öl zu. Dann allerdings auch die Hefemenge erhöhen.
- Faustregel für die Verwendung von Trockenhefe: Auf 250 g Mehl und 2 EL Olivenöl kommen 1/4 Päckchen Frischhefe oder 1/2 Päckchen Trockenhefe.
- Profis reiben das Backblech mit ein wenig Mehl ein, anstatt es einzufetten.
- Es empfiehlt sich immer, den Teig mit einem Rand zu versehen, damit die flüssigen Zutaten nicht vom Blech laufen.
- Bäckt man die Pizza im unteren Bereich des Ofens, wird der Boden knuspriger und die Oberfläche saftiger. Bäckt man sie in der Mitte des Ofens, bleibt der Boden weicher und der Belag wird weniger feucht.
- Wer die Kruste schön dick mag, lässt die Pizza nach dem Belegen noch 8-10 Minuten gehen und schiebt sie erst dann in den vorgeheizten Backofen.

FÜR EINE RUNDE FORM VON 26-32 CM DURCHMESSER:
· **250 g Mehl**
· **1/4 Päckchen Frisch-Hefe**
· **125 ml lauwarmes Wasser**
· **2 EL Öl**
· **1 Prise Zucker**
· **1/2 TL Salz**

FÜR EIN BACKBLECH:
· **400 g Mehl**
· **1/2 Päckchen Frischhefe**
· **200 ml lauwarmes Wasser**
· **3 EL Öl**
· **1/2 TL Zucker**
· **1 TL Salz**

Das Mehl in eine Schüssel geben und in die Mitte eine Mulde drücken. Die Hefe zerbröckeln, mit dem Zucker und dem Wasser gut verrühren und in die Mulde geben. Die Schüssel zugedeckt ca. 10 Minuten bei Zimmertemperatur ruhenlassen. Dann das Salz und das Öl zugeben, und alles mit dem Knethaken des Mixers zu einem glatten Teig verkneten. Zum Schluss den Teig mindestens 5 Minuten lang gut mit der Hand durchkneten, damit er schön elastisch wird. Wieder zugedeckt bei Zimmertemperatur eine Stunde gehen lassen. Den Teig nochmals gut durchkneten und auf wenig Mehl etwas größer als die Form ausrollen. Dabei den Teig immer wieder von der Arbeitsfläche lösen, drehen und weiter ausrollen. Dann die Pizzaform umgekehrt auf den Teig legen, für den Rand ca. 3 cm zugeben und diese Größe mit dem Messer ausschneiden. Für ein Blech ist es besser, genau die Größe der Fläche auszuschneiden und die Ränder danach zu formen und anzudrücken. Die Form bzw. das Blech dünn mit Mehl einreiben (viel wirkungsvoller als einfetten!). Um den Teig in die Form zu legen, klappt man ihn am besten locker auf die Hälfte zusammen und faltet ihn nach dem

Einlegen vorsichtig wieder auseinander. Danach den Rand gut andrücken und den restlichen Teig entfernen. Wer einen Herd mit Umluft besitzt, kann auf das Vorheizen verzichten. Ansonsten denken Sie daran, den Herd rechtzeitig auf die im Rezept angegebene Temperatur vorzuheizen. Viele Pizzafreaks schwören im Übrigen auf das Backen ohne Umluft und bei großer Hitze. Wer das Pizza-Laien-Studium bereits hinter sich gelassen und die Meisterklasse erreicht hat, kann sich bei ausreichendem Platz in der Küche und entsprechendem Haushaltsgeld einen elektrischen Steinbackofen zulegen, mit dem man bei ca. 300°C besonders knusprige Pizzen backen kann.

Die angegebenen Backzeiten sind immer nur Richtwerte, weil jeder Herd anders funktioniert. Die Pizza ist dann fertig, wenn an einem Holzstäbchen, das man in den Teigrand steckt, nichts mehr kleben bleibt. Die Pizza kann dann sofort heiß portioniert und serviert werden.

Quiches, Tartes, Pies und Piroggen

Diese Spezialitäten unserer europäischen Nachbarn werden aus Mürbeteig, Quark-Öl-Teig oder Blätterteig hergestellt. Den Blätterteig kann man mit gutem Gewissen aus der Tiefkühltruhe entnehmen. Wie man ihn in der heimischen Küche selbst zubereitet, findet man in einschlägigen Kochbüchern.

2. Mürbeteig

Tipps:

- Eier und Butter immer kalt aus dem Kühlschrank verwenden.
- Der Teig muss immer sehr schnell zusammengeknetet werden, sonst wird er zu klebrig und nach dem Backen nicht mürbe genug.
- Die Ruhezeiten für den Teig sollten immer eingehalten werden. Damit er dabei nicht austrocknet, sollte man ihn in Frischhaltefolie einwickeln. Er lässt sich danach besser weiterverarbeiten.

• Die Teigmenge richtet sich danach, wie hoch der Rand in der Spring- oder Tarteform sein soll. Die angegebenen Mengen reichen für einen sehr dünn ausgerollten Mürbeteig (ca. 4 mm) mit einem 3 cm hohen Rand in einer Springform oder einem 0,5 cm hohen in einer Tarteform. Wollen Sie Torteletts backen, können Sie ca. 8 Formen mit dem Teig füllen.

FÜR EINE RUNDE FORM VON 26-32 CM DURCHMESSER:
- **250 g Mehl**
- **1 Ei**
- **125 g Butter**
- **2 Prisen Salz**

Das auf einer sauberen Arbeitsfläche gesiebte Mehl mit dem Salz mischen, aufhäufen und in der Mitte eine Mulde formen. Das Ei in die Vertiefung geben und die kalte Butter sehr klein schneiden und rund um die Mulde geben. Dann alle Zutaten mit einem Messer durchhacken und schnell mit den Händen verkneten. Den Teig in Frischhaltefolie einwickeln und eine halbe Stunde kühlstellen.

Wenn Sie sich einen sehr saftigen Belag ausgesucht haben, sollten Sie den Mürbeteig vorbacken. Rollen Sie also den Teig sehr dünn aus, legen Sie ihn in die Backform mit Backpapier und legen darauf dünn rohe Hülsenfrüchte aus. Diese saugen die Flüssigkeit des Teiges auf und machen ihn besonders mürbe. Im Backofen bei ca. 180°C

10 Minuten vorbacken. Danach das Backpapier und die Hülsenfrüchte abnehmen (geht ganz einfach!), den Teig wieder in die Form setzen und nach Rezept weiterverarbeiten.

In jedem Rezept finden Sie Richtwerte, wie lange und bei welcher Temperatur Sie die Quiche und Konsorten backen sollen. Machen Sie auch hier die Garprobe mit dem Holzstäbchen, bevor Sie den Kuchen herausnehmen.

3. *Quark-Öl-Teig*

Wer einen besonders saftigen Boden bevorzugt, sollte dieses Grundrezept verwenden. Es eignet sich für alle herzhafte Kuchen.

Tipps:
- Profis reiben auch hier das Backblech mit ein wenig Mehl ein, anstatt es einzufetten.
- Es empfiehlt sich zudem auch hier, den Teig stets mit einem Rand zu versehen, damit die flüssigen Zutaten nicht vom Blech laufen.

• Bäckt man die Pizza im unteren Bereich des Ofens, wird der Boden knuspriger und die Oberfläche saftiger. Bäckt man sie in der Mitte des Ofens, bleibt der Boden weicher und der Belag wird weniger feucht.

FÜR EINE RUNDE FORM VON 26-32 CM DURCHMESSER:
- **250 g Mehl**
- **125 g Magerquark**
- **1/2 TL Backpulver**
- **1 Ei**
- **5 EL Öl (diesmal kein Olivenöl, sondern lieber Sonnenblumenöl o. ä.)**
- **1/4 TL Salz**

FÜR EIN BACKBLECH:
- **400 g Mehl**
- **200 g Magerquark**
- **1 TL Backpulver**
- **1 großes Ei**
- **8 EL Öl**
- **1/2 TL Salz**

Den Quark gut ausdrücken, z.B. in einem Küchentuch, damit er seine Flüssigkeit verliert. Dann in eine Schüssel geben und zusammen mit Öl, Salz und Ei zu einem glatten Teig verrühren. Das Mehl und das Backpulver darüber sieben und mit dem Knethaken des Handmixers den Teig gut vermischen. Danach noch mit der Hand alles zu einem glatten Teig verrühren und 30 Minuten kühlstellen. Den Teig auf einer bemehlten Fläche mit einem Nudelholz etwas größer ausrollen, als die Form ist. Dann den Teig vorsichtig in die gefettete Form legen. Überstehende Ränder mit einem Messer abschneiden oder 2 cm nach innen klappen. Denken Sie daran, jeder Herd funktioniert anders, daher sind die in den Rezepten angegebenen Zeiten und Temperaturen nur Richtwerte. Machen Sie mit dem Holzstäbchen eine Garprobe, bevor Sie Ihr Werk herausnehmen. Wenn das Stäbchen trocken ist, ist es fertig.

4. *Perlentaucher-Pizza (mit Muscheln)*

HEFETEIG (S. S. 9)
· 4 EL Paprikapaste (vom türkischen Lebensmittelhändler)
· 2 Knoblauchzehen, geschält und in dünne Scheibchen geschnitten
· 1 Dose Herzmuscheln (z.B. spanische), abgetropft
· 1 Packung passierte Tomaten (Polpa di Pomodoro)
· 1 Bund Basilikum
· 200 g Mozzarella-Käse
· 50 g Parmesan, frisch gerieben
· 4 EL kaltgepresstes Olivenöl
· Salz, Pfeffer, Cayennepfeffer

Den Teig auf dem Blech ausrollen, mit Paprikapaste bestreichen und mit Knoblauchscheibchen belegen. Salzen und pfeffern. Muscheln sowie gewürzte Tomaten auf dem Teig verteilen. Gewaschenen und klein gezupften Basilikum und Mozzarella (in Scheiben) auf der Pizza verteilen.
Die Pizza 12 Minuten vorbacken (200°C, Mittelschiene), dann den Parmesan darüber streuen, Öl darauf träufeln und weitere 5-7 Minuten backen.

5. Pizza Mediterranea (mit Meeresfrüchten)

HEFETEIG (s. S. 9)
· **50 g Herzmuscheln (vorgegart, ausgelöst)**
· **50 g Krabben, gepult**
· **100 g Schwertfischsteak (oder frischer Lachs)**
· **150 g Tintenfisch, geputzt gekauft**
· **850 g (1 gr. Dose) geschälte Tomaten**
· **Salz, Pfeffer**
· **100 g Schalotten**
· **2 Knoblauchzehen**
· **1/2 Bd. glatte Petersilie**
· **4 EL Olivenöl**

Vorgegarte Muscheln und Krabben abspülen und im Sieb abtropfen lassen. Schwertfisch (in feine Streifen geschnitten) und Tintenfisch in wenig Salzwasser etwa 4 1/2 Minuten vorgaren. Tintenfisch abtropfen lassen und in dünne Ringe schneiden. Tomaten abtropfen lassen, würfeln und kräftig mit Salz und Pfeffer abschmecken. Schalotten schälen und in dünne Ringe schneiden, Knoblauch schälen und in kleine Stifte schneiden.

Teig auf das Blech legen und Tomaten, Meeresfrüchte, Schalotten und Knoblauch darauf verteilen. Pizza mit Salz, Pfeffer und fein gehackter Petersilie bestreuen, Olivenöl darauf träufeln. 20-25 Minuten bei 250°C backen.

6. *Pizza Provencale (mit Sardellen)*

HEFETEIG (S. S. 9)
- 1,5 kg Gemüsezwiebeln
- 4 EL Olivenöl, kaltgepresst
- 5 Knoblauchzehen
- Salz, Pfeffer, schwarz
- 2 EL Thymian, getrocknet
- 2 Lorbeerblätter
- 100 g Sardellenfilets (Anchovis) oder
- 300 g Sardinen (kleine frische)
- 30 g Oliven, schwarz

Zwiebeln schälen, in Ringe schneiden und in Olivenöl anbraten. Knoblauchzehen schälen, pressen und dazugeben. Kräftig mit Salz, Pfeffer, Thymian und Lorbeerblättern abschmekken. Bei mittlerer Hitze etwa 5 Minuten schmoren.

Lorbeerblätter herausnehmen und die Zwiebelmasse auf den Teig streichen.

Die Anchovis längs halbieren. Frische Sardinen ausnehmen, entgräten, ausspülen und mit Küchenkrepp trockentupfen. Innen und außen leicht salzen, mit Olivenöl einpinseln. Anchovis oder Sardinen mit den Oliven auf der Pizza verteilen und 20-25 Minuten backen.

7. Pizza 4 Bahnhöfe (Quattro Stazioni)

HEFETEIG (s. S. 9)
- **50 g Miesmuschelfleisch, fertig vorbereitet oder 500 g Miesmuscheln in Schalen**
- **50 g Oliven**
- **4 Sardellenfilets (Anchovis)**
- **800 g Tomaten (große Dose, geschält)**
- **Salz, Pfeffer, schwarz**
- **200 g Mozzarella-Käse**
- **100 g Artischockenherzen (in Öl eingelegt)**
- **1/2 Paprikaschote (gelb)**
- **6 milde Peperoni (eingelegt)**
- **1 kleine Zwiebel**
- **50 g gekochter Schinken**

Vorgegarte Muscheln kalt abspülen und abtropfen lassen. Frische Muscheln aussortieren und nur die geschlossenen gründlich waschen. Muscheln in einem großen Topf in Salzwasser kochen, bis sie sich öffnen. Muscheln, die sich nicht öffnen, ebenfalls wegwerfen. Die anderen abtropfen lassen, nach dem Abkühlen das Fruchtfleisch auslösen.

Oliven entsteinen, große halbieren oder in kleine Ringe schneiden, Sardellen in Stückchen oder Streifen schneiden. Tomaten abtropfen lassen, mit der Gabel zerkleinern und mit Salz und Pfeffer kräftig würzen. Mozzarella in dünne Scheiben schneiden, Artischockenherzen abtropfen lassen und halbieren. Paprikahälfte von Stiel und Kernen befreien, ausspülen und in Streifen schneiden.

Die Zwiebel schälen und in Ringe schneiden. Peperoni abtropfen lassen. Schinken in 2-3 cm große Stücke schneiden.

- **3 EL Olivenöl, kaltgepresst**
- **2 TL Oregano, getrocknet**

Tomaten auf dem Teig verteilen. Andeutungsweise den Boden in vier gleichgroße Partien bzw. Viertel aufteilen. Auf ein Viertel Muscheln und Paprika, auf das zweite Olivenhälften, -ringe und Sardellen, auf das dritte Artischocken und Peperoni, auf das vierte Schinken und Zwiebeln legen. Zum Schluss über alles Salz, Pfeffer, Mozzarellawürfel und Oregano streuen sowie Olivenöl träufeln. 20-30 Minuten backen.

8. *Pizza Capricciosa (mit allem)*

HEFETEIG (s. S. 9)
· **800 g Tomaten,**
(große Dose, geschält)
· **Salz, Pfeffer, schwarz**
· **100 g**
Wacholderschinken
(gekocht, dünn
aufgeschnitten)
· **4 Sardellenfilets**
(Anchovis)
· **100 g Champignons**
· **100 g**
Artischockenherzen,
in Öl eingelegt
· **100 g schwarze**
Oliven
· **2 TL Oregano**
· **200 g Mozzarella-**
Käse
· **2 EL Olivenöl**
(kaltgepresst)

Tomaten abtropfen lassen, in kleine Würfel schneiden und mit der Gabel zerdrücken, mit Salz und Pfeffer würzen. Schinken in 3 x 3 cm große Stücke, Sardellenfilets in Streifen schneiden. Pilze trocken abreiben, die Stielenden abschneiden und in 1/2 cm dicke Scheiben schneiden. Artischocken abtropfen lassen und vierteln, Oliven nach Geschmack entkernen, große Exemplare halbieren.

Erst die Tomatenmasse, dann Schinken, Sardellenstreifen, Champignonscheiben, Artischockenviertel und Oliven auf dem Teig verteilen. Kräftig mit Salz und Pfeffer würzen, mit Oregano bestreuen. Mozzarella in dünne Scheiben schneiden und auf die Pizza legen, mit dem Olivenöl beträufeln und 20-25 Minuten auf der zweituntersten Schiene backen, bis die Kruste hellgelb ist.

9. *Garnelenhappen (Minipizzen)*

HEFETEIG (S. S. 9)
· **1 Paprikaschote (rot)**
· **100 g Mozzarella-Käse**
· **Salz, weißer Pfeffer**
· **10 Garnelen (ohne Panzer und Darm)**
· **1 Knoblauchzehe**
· **2 EL Pesto (Basilikumsoße)**
· **1 EL Olivenöl, kaltgepresst**
· **Cayennepfeffer**

Mit einem Glas 10 runde Teigplatten ausstechen. Paprikaschote waschen und in feine Ringe schneiden, Kerne entfernen. Je einen Ring auf einen Pizzaboden legen, sodass ein schmaler Rand frei bleibt. Mozzarella in 5 Scheiben schneiden, diese halbieren und je 1 Stück in einen Paprikaring legen. Mit Salz und Pfeffer würzen. Garnelen unter kaltem Wasser abbrausen und je 1 Garnele auf den Mozzarella legen. Knoblauch in feine Scheiben schneiden, je 1 Scheibe auf die Garnele legen, auf den Knoblauch etwas Pesto streichen. Olivenöl mit 1 Prise Cayennepfeffer und Salz vermischen und über die Minipizzen träufeln. 15-20 Minuten backen.

10. Kleine Pazifik-Quiches (mit Meeresfrüchten)

MÜRBETEIG (s. S. 13)
- **600 g gemischte, rohe Meeresfrüchte (Shrimps, Muscheln, Tintenfisch etc.)**
- **Saft von 1 Zitrone**
- **Salz, Pfeffer**
- **2 Knoblauchzehen**
- **1 Bd. Petersilie**
- **1/8 L Sahne**
- **3 Eier**
- **100 g Schmand**
- **Cayennepfeffer, Muskatnuss (gerieben)**
- **30 g Mehl**

Meeresfrüchte ggf. auftauen, kalt abwaschen, abtropfen lassen und mit Zitronensaft, Salz, Pfeffer, zerdrücktem Knoblauch und klein gehackter Petersilie vermengen. 1/2 Stunde ziehen lassen. Sahne, Eier und Schmand verquirlen und mit Cayennepfeffer, Muskat, Salz und Pfeffer würzen.

Den Teig auf etwas Mehl nochmals kneten und ausrollen. 10 Tortenförmchen (ca. 11 cm Durchmesser) einfetten, mit Teig auslegen und diesen mit einer Gabel mehrfach einstechen.

Meeresfrüchte hineingeben und mit der Eier-Sahne-Mischung übergießen. Bei 180°C (mittlere Schiene) ca. 45 Minuten goldbraun backen.

11. Blattspinatquiche mit Riesenshrimps

MÜRBETEIG (s. S. 13), verfeinert mit 60 g fein geriebenem Emmentaler
- **1 große Zwiebel**
- **250 g Blattspinat oder Mangold**
- **150 g gebrauchsfertige Riesenshrimps/Garnelen**
- **250 g Schlagsahne**
- **100 g frisch geriebener Käse (würzige Sorte, z.B. Gruyère)**
- **3 Eier**
- **1 EL Olivenöl (kaltgepresst)**
- **1 Knoblauchzehe**
- **Salz, schwarzer Pfeffer**

Backofen auf 225°C vorheizen.

Zwiebel schälen und würfeln. Blattspinat bzw. Mangold waschen und putzen, Blätter in mundgerechte Stücke rupfen, Stiele in feine Streifen schneiden. Shrimps waschen und abtropfen lassen. Sahne mit Käse und Eiern verrühren.

Zwiebel in Öl anbraten, Knoblauch und Spinat hinzufügen, würzen und bei schwacher Hitze unter häufigem Umrühren ca. 5 Minuten garen. Vom Feuer nehmen und Shrimps untermischen, dann die Spinat-Shrimps-Masse in die mit Teig ausgelegte Form geben und die Eier-Käse-Sahne darüber gießen.

Auf der mittleren Schiene bei 200°C ca. 35 Minuten backen.

12. *Lachsquiche*

QUARK-ÖL-TEIG (S. S. 15)
· **300 g kleine Zucchini**
· **300 g gehäutete Tomaten (frisch oder Dose)**
· **Salz, Pfeffer**
· **1 Bd. glatte Petersilie**
· **2 Eigelb**
· **250 g Schmand**
· **3 EL Meerrettich (Tube)**
· **375 g Räucherlachs**

Backofen auf 200°C vorheizen. Zucchini waschen und würfeln, in kochendem Wasser 3 Minuten blanchieren, dann abtropfen lassen. Tomaten in kleine Stücke schneiden, mit Zucchini, Pfeffer, Salz und gehackter Petersilie vermischen. Eigelbe mit Schmand und Meerrettich gut verrühren und kräftig würzen. Gemüsemischung in die Form auf den Teigboden geben, den in gabelgerechte Stücke gezupften Lachs darauf verteilen und mit der Meerrettich-Schmand-Mischung übergießen.

Auf der mittleren Schiene bei 180°C 35 Minuten backen.

13. *Pizza Tonno (mit Thunfisch)*

HEFETEIG (s. S. 9)
- **300 g Thunfisch in Öl (Dosen)**
- **10 getrocknete Tomaten**
- **1 EL Olivenöl**
- **10-12 schwarze Oliven**
- **1 EL Kapern**
- **150 g pikanter Ziegenkäse (gerieben)**

Backofen auf 220°C vorheizen. Thunfisch abtropfen lassen und mit einer Gabel grob zerteilen. Tomaten längs halbieren. Teig in der Form mit Olivenöl bestreichen und 10 Minuten vorbacken (200°C, mittlere Schiene). Tomaten, Thunfisch, Oliven und Kapern darauf legen, Käse darüber streuen und weitere 15 Minuten fertig backen.

14. Voll die Scholle (Tarte mit Scholle und Basilikum)

· 4 Scheiben Blätterteig (TK)
· 1 grüne Chilischote (frisch)
· Salz, Pfeffer, Koriander, Chilipulver
· 1 EL Orangensaft
· 1 EL Butter
· 1/2 Gläschen Weißwein
· 300 g Schollenfilet
· 300 g geschälte Tomaten
· 2 EL Öl
· 1 Topf Basilikum (30-40 Blätter)
· 80 g Mascarpone
· 30 g Parmesan
· 1 Eigelb zum Bestreichen
· Mehl zum Ausrollen

Blätterteigplatten zum Auftauen nebeneinander legen. Gewaschene und entkernte Chilischote fein würfeln, mit je 1 Prise Salz und Koriander und Orangensaft mischen. Schollenfilet in zerlassener Butter und Weißwein 3 Minuten andünsten und herausnehmen, mit der Chili-Orangen-Marinade übergießen und 20 Minuten zugedeckt ziehen lassen. Gewürfelte Tomaten in heißes Öl geben, mit Salz, Pfeffer und 1 Prise Chilipulver würzen und bei schwacher Hitze unter gelegentlichem Umrühren köcheln lassen, bis die Flüssigkeit verdampft ist. Gewaschene Basilikumblätter klein schneiden, mit Mascarpone, Parmesan und je 1 Prise Salz und Pfeffer pürieren. Backofen auf 220°C vorheizen, je 2 Blätterteigplatten zusammen auf etwas Mehl dünn und rund ausrollen und die Form damit auslegen. Schollenfilets in fingerdicke Streifen schneiden, mit Tomaten auf den Teig geben und mit Basilikumsoße übergießen. Mit einem Teigdeckel schließen, diesen mit einer Gabel einstechen und mit Eigelb bestreichen. Die Tarte bei 200°C 25-30 Min. backen.

15. *Pizza aus 1001 Nacht*

HEFETEIG (s. S. 9)
- **3-4 mittelgroße Zwiebeln**
- **3-4 Knoblauchzehen**
- **1 Bd. Petersilie**
- **250 g Lamm-Hackfleisch**
- **3 EL Olivenöl kaltgepresst**
- **3 EL Tomatenmark**
- **150 ml Wasser**
- **2 TL gemahlener Kreuzkümmel**
- **1 TL gemahlener Koriander**
- **1 TL schwarzer Pfeffer, frisch aus der Mühle**
- **etwas Maismehl**

Zwiebeln und Knoblauch schälen und fein hacken bzw. zerdrücken, gewaschene Petersilie fein hacken. Hackfleisch, Zwiebeln und Knoblauch bei mittlerer Hitze unter Rühren etwa 5 Minuten im Öl anbraten, Tomatenmark und Gewürze dazugeben, mit Pfeffer und Salz würzen, 150 ml Wasser angießen und alles gut verrühren, dann die Pfanne vom Herd nehmen.

Den Ofen auf 200°C vorheizen. Den Teig auf einer bemehlten Arbeitsfläche kurz durchkneten, in vier gleich große Stücke teilen und dünne Fladen von 20-25 cm Durchmesser ausrollen. Mit den Fingern einen Rand formen.

Ein Backblech mit Maismehl einmehlen oder mit Öl bestreichen. Die Fladen darauf setzen, mit der Hackfleischmasse bestreichen und auf mittlerer Schiene 10-15 Minuten backen. Die Fladen sollen noch so weich sein, dass sie sich zusammenrollen lassen, damit man sie aus der Hand essen kann.

16. *La Bruschetta (Pizzabrot)*

- **4 Scheiben Bruschetta-Brot zum Fertigbacken (oder Weißbrotscheiben)**
- **4 Knoblauchzehen**
- **250 g Salami in Scheiben**
- **6-8 Fleischtomaten**
- **500 g Mozzarella-Käse**
- **8 EL Olivenöl**
- **2 Bd. frischen Basilikum**
- **Pfeffer (schwarz)**

Backofen auf 160°C vorheizen und die Brotscheiben dabei für 10 Minuten auf dem Gitterrost anbacken. Auf jeder Scheibe eine Knoblauchzehe verreiben und Scheiben dann auf ein eingeöltes Backblech legen. Salami, gewaschene Tomaten und Mozzarella in Scheiben darauf verteilen, pfeffern, Basilikumblätter darüber legen und mit Olivenöl übergießen.

Bei 160°C 12 Minuten lang fertig backen.

17. *Pizza Pazza (mit Kartoffelchips)*

FÜR DEN TEIG:
- 3 Eier
- 1 EL Mehl
- 150 g Kartoffelchips
- Salz
- etwas Margarine

FÜR DEN BELAG:
- Tomaten
- 20 schwarze Oliven
- 1/2 grüne Paprikaschoten
- 50 g Salami in Scheiben
- Thymian
- Rosmarin
- 50 g geriebener Käse

Backofen vorheizen auf 200°C. Eier und Mehl mit dem Handrührgerät verquirlen. Chips grob zerdrücken, mit dem Salz zu den Eiern geben. Gut verrühren. Tortenform (24 cm) einfetten. Den Teig gleichmäßig in der Form verteilen.

Tomaten und Oliven in Scheiben schneiden, Paprika in dünne Streifen. Den Teig mit der Salami und dem Gemüse belegen, mit den Kräutern und dem Käse bestreuen. Bei 200°C (mittlere Schiene) etwa 20 Min. backen.

18. *Elsässer Flammkuchen*

FÜR DEN TEIG:
· **400 g Vollkornmehl**
· **1/2 Pckg. frische Hefe**
· **50 g Sauerteig (fertig, aus dem Reformhaus)**
· **1 TL Salz**

FÜR DEN BELAG:
· **150 geräucherter Speck (in Würfeln oder feinen Streifen)**
· **2 große Zwiebeln**
· **300 g Crème fraîche**
· **200 g geriebener Käse (Emmentaler o.ä.)**
· **Pfeffer aus der Mühle**
· **Salz**
· **frisch geriebene Muskatnuss**

Aus Mehl, Hefe und 50 ml lauwarmem Wasser einen Vorteig bereiten und 15 Minuten gehen lassen (s. Rezept, S. 9). Sauerteig mit Salz und 200 ml lauwarmem Wasser verrühren und zusammen mit dem Hefevorteig zu einem nicht zu trockenen Teig verarbeiten. 45 Minuten zugedeckt und warm gehen lassen.

Backofen vorheizen auf 220°C. Zwiebeln schälen und würfeln, Crème fraîche flüssig rühren und mit reichlich Pfeffer und Muskatnuss, aber nicht zuviel Salz würzen, Zwiebeln darunter heben. Teig ausrollen, Crème darauf verstreichen, Speck und Käse darüber streuen.

25 Minuten auf mittlerer Schiene backen.

19. *Fleischbällchen-Pizza*

QUARK-ÖL-TEIG (S. S. 15)
- **1 kleine Zwiebel**
- **2 Knoblauchzehen**
- **250 g Rinderhack**
- **Salz**
- **1/2 TL schwarzer Pfeffer**
- **1 Prise Kreuzkümmel**
- **4 EL Olivenöl**
- **400 g Tomaten (geschält)**
- **Cayennepfeffer**
- **Oregano, Thymian**
- **50 g grüne Oliven (evtl. mit Paprika gefüllt)**
- **1 Bd. frisches Basilikum**
- **125 g Cocktailtomaten**
- **75 g Parmesan (frisch gerieben)**

Backofen auf 175°C vorheizen.

Zwiebeln schälen und fein würfeln, ebenso den Knoblauch. Mit dem Hackfleisch, Salz, Pfeffer und Kreuzkümmel gut verkneten, aus der Masse kirschgroße Klößchen formen. Mit 2 EL Olivenöl in einer Pfanne von allen Seiten scharf anbraten.

Tomaten abtropfen lassen, mit der Gabel zerdrücken und kräftig mit Salz, Pfeffer, Cayennepfeffer und Oregano abschmecken (Thymian und/oder Basilikum passen auch gut dazu), Tomatenmasse auf dem Teig verteilen, Oliven in Scheiben schneiden und darüber streuen. Hackbällchen auf der Pizza verteilen, dazwischen Basilikumblättchen legen, auf die je 1-2 halbierte Cocktailtomaten mit der Schnittfläche nach unten gesetzt werden. Über das Ganze 2 EL Olivenöl träufeln und 20 Minuten backen. Dann den Parmesan darüber streuen und weitere 5-8 Minuten backen.

20. *Hackfleisch-Gemüse-Wähe*

QUARK-ÖL-TEIG (s. S. 15)
- **1 Bd. Schalotten**
- **150 g Bleichsellerie**
- **150 g Möhren**
- **1 Zwiebel**
- **1 EL Butter**
- **300 g Hackfleisch (halb Rind, halb Schwein)**
- **250 g Tomaten (geschält)**
- **1 Bd. Petersilie**
- **1 Bd. Schnittlauch**
- **Salz, Pfeffer (weiß)**
- **Oregano**
- **2 Eier**
- **150 ml Schlagsahne**
- **Muskatnuss (frisch gerieben)**

Ofen auf 175°C vorheizen. Schalotten schälen und in Ringe schneiden, Bleichsellerie und Möhren waschen, putzen und in kleine Stücke schneiden. Das Gemüse 5 Minuten in kochendem Salzwasser blanchieren und abtropfen lassen. Zwiebel schälen und würfeln, in Butter andünsten, Hackfleisch dazugeben, braten. Tomaten würfeln, Petersilie hacken, Schnittlauch in Röllchen schneiden. Tomaten und Kräuter zum Fleisch geben und einige Minuten mitdünsten, bis das Wasser fast verdampft ist. Mit dem Gemüse vermengen, mit Salz, Pfeffer und Oregano abschmecken, abkühlen lassen.

Den Teig 10 Minuten vorbacken. Dann mit der Fleisch-Gemüse-Masse belegen.

Eier mit Sahne verquirlen, mit Salz und Muskatnuss würzen und auf die Wähe gießen. Bei 225°C 20-30 Minuten fertig backen.

21. *Familienpizza*

HEFETEIG (S. S. 9)
· **1 EL Öl (zum Bestreichen des Teiges)**
· **1 Zwiebel**
· **1 rote Paprikaschote**
· **1 gelbe Paprikaschote**
· **1 grüne Paprikaschote**
· **250 g Tomaten (geschält)**
· **2 Knoblauchzehen**
· **1 TL Öl**
· **Oregano, Kräuter der Provence, Curry, Thymian**
· **200 g gekochter Schinken**
· **150 g Broccoli**
· **2 Stangen Frühlingslauch**
· **150 g Champignons**
· **4 Tomaten**
· **200 g Salami**
· **200 g Allgäuer Emmentaler**

Backofen vorheizen (220°C). Gewürfelte Zwiebel, Paprika und Tomaten, zerdrückten Knoblauch und Kräuter in Olivenöl andünsten und auskühlen lassen. Den Teig auf das Blech legen, mit Olivenöl bestreichen und das Tomaten-Paprika-Gemisch darauf geben. Den klein geschnittenem Schinken, die Broccoli-Röschen, die Lauchringe und die Pilze querbeet darauf geben. Die halbierten Tomatenscheiben und die Salamischeiben dekorativ darauf verteilen und mit etwas Oregano bestreuen. Grob geriebener Emmentaler darauf streuen.
Im Backofen ca. 25-30 Minuten backen.

22. *Kartoffelpizza*

HEFETEIG (S. S. 9),
verfeinert mit Oregano
· 600 g Pellkartoffeln
· 150 g pikanter Käse (z.B.
Gruyère)
· 1/8 l Schlagsahne
· 1 TL mittelscharfer Senf
· 2 Knoblauchzehen
· 200 g Schinkenspeck
in Würfeln
· Salz, schwarzer Pfeffer,
Muskatnuss
· 1 EL Kreuzkümmel
· 1 EL Kümmel
· 6 El Kernöl
· 12 schwarze Oliven
· 50 g Parmesan
(gerieben)

Backofen auf 220°C vorheizen. Gewürfelten Käse mit Sahne und Senf bei schwacher Hitze schmelzen, gepressten Knoblauch und Speckwürfel hinzufügen, mit Gewürzen pikant abschmecken. Fast gargekochte Kartoffeln schälen und in dünnen Scheiben auf dem Teig verteilen, ebenso die Oliven in Scheiben. Die Käsemasse darüber gießen und mit Parmesan bestreuen und mit Kernöl beträufeln. 25 Minuten backen.

23. *Pizza Mexicana*

QUARK-ÖL-TEIG (S. S. 15)
- **1 kleine Zwiebel**
- **2 Knoblauchzehen**
- **450 g Rinderhack**
- **2 EL Olivenöl (kaltgepresst)**
- **Cayennepfeffer, Paprikapulver, Kreuzkümmel**
- **Salz, schwarzer Pfeffer**
- **300 g Gemüsemais**
- **4 EL Tomatenmark**
- **1/2 Glas Rotwein**
- **1 TL Rotweinessig**
- **1 Bd. Petersilie (glatt)**
- **1 TL grüne Pfefferkörner**
- **1 Glas eingelegte Maiskölbchen**
- **3 EL Crème fraîche**
- **150 g Cheddarkäse**

Ofen auf 175°C vorheizen. Zwiebeln schälen und würfeln, Knoblauch schälen und fein hacken. Hackfleisch im Olivenöl scharf anbraten, Zwiebeln und Knoblauch hinzufügen; kurz mitschmoren, bis die Zwiebeln glasig sind. Mit je einer Prise Cayennepfeffer, Paprikapulver, und Kreuzkümmel sowie Salz und Pfeffer pikant würzen.

Mais abtropfen lassen, mit dem Tomatenmark, Rotwein und Essig unter das Hackfleisch mischen. Unter stetigem Rühren so lange einkochen, bis alle Flüssigkeit verdampft ist. Die Mischung etwas abkühlen lassen, mit der Hälfte der fein gehackten Petersilie vermengen und auf dem Pizzaboden verstreichen. Restliche Petersilie und grüne Pfefferkörner darüber streuen; mit den abgetropften Maiskolben sternförmig verzieren. Crème fraîche in Klecksen auf das Hackfleisch geben. Cheddarkäse in feine Streifen schneiden und auf dem Belag verteilen. Backzeit 20-25 Minuten.

24. *Winterpizza*

HEFETEIG (s. S. 9)
· **150 g Knollensellerie**
(von der jungen und
kleinen Knolle)
· **150 g Salatkartoffeln**
(fest kochend)
· **50 g Borlotti-Bohnen**
(aus der Dose, ersatzweise
Kidney-Bohnen)
· **1 Pckg. Mozzarella-Käse**
· **50 g durchwachsener**
Speck (gewürfelt)
· **5 Salbeiblättchen**
· **1 Rosmarin-Zweig**
(oder 1 TL getrockneter
Rosmarin)
· **1 Bd. Schnittlauch**
· **Salz, Pfeffer, schwarz**
· **50 g Parmesan**
(frisch gerieben)
· **2 EL Olivenöl**

Backofen auf 275°C vorheizen. Sellerie von den Blättern befreien und unter fließendem Wasser gut abbürsten, dann etwa 40 Minuten kochen. Nach 15 Minuten gewaschene Kartoffeln hinzufügen. Kartoffeln und Sellerie abgießen, wenn man mit einer Gabel leicht hineinstechen kann, kalt abschrecken und pellen. Beide in 1/2 cm dünne Scheiben schneiden.

Bohnen in ein Sieb geben, kurz abbrausen und abtropfen lassen. Mozzarella in mittelgroße Würfel schneiden und auf dem Teig verteilen. Abwechselnd Kartoffel- und Selleriescheiben darauflegen, dann Bohnen und Speckwürfel darüber streuen, Salbeiblätter darauflegen, Rosmarin und Schnittlauch hacken und ebenso darauf verteilen. Mit Salz und Pfeffer würzen. Alles mit Parmesan überstreuen und mit Olivenöl beträufeln. 20-25 Minuten lang backen.

25. Feta-Pizza (mit Lammhack, Bohnen und Schafskäse)

HEFETEIG (S. S. 9)
- 1/2 kg Vollkornmehl,
  1/2 kg Weizenmehl
- 300 g Zwiebeln
- 3 EL Olivenöl
- 300 g Tatar o. Lammhack
- Salz, schwarzer Pfeffer
- 1/2 TL getrocknetes
  Bohnenkraut
- 200 g Schafskäse
- 250 g Kenia-Bohnen
- 1 Knoblauchzehe
- 20 schwarze Oliven
- 700 g Tomaten (geschält)
- 6 EL Olivenöl
- 1 TL Apfeldicksaft
  oder Apfelgelee
- 1 EL Obstessig
- 1 EL gehackte Thymian-
  blätter (frisch)
- 1 EL Tomatenketchup

Backofen auf 200°C vorheizen. Zwiebeln schälen und grob hacken. 3 EL Olivenöl in einer großen Pfanne erhitzen, erst die Zwiebeln, dann das Fleisch dazugeben, mit Salz, Pfeffer und Bohnenkraut würzen, kräftig anbraten und beiseite stellen. Den Schafskäse grob zerkleinern und zu dem Hackfleisch geben. Die Bohnen putzen und waschen, in leicht gesalzenem Wasser knapp gar kochen. Knoblauch schälen und fein hacken, Oliven entkernen. Die Tomaten grob würfeln.

Die Hackfleisch-Käse-Mischung auf dem Teig verteilen, darüber kommen die Bohnen, der Knoblauch, ca. ein Viertel der gewürfelten Tomaten und die Oliven. Zum Schluss mit Olivenöl beträufeln. 25 bis 30 Minuten backen. Falls der Belag auszutrocknen droht, mit Alufolie abdecken.

3 EL Öl in einem Topf erhitzen, die restlichen Tomatenwürfel darin dünsten, mit Salz, Pfeffer, Apfeldicksaft, Obstessig, einigen Thymianblättern und Tomatenketchup würzen.

Die Soße getrennt reichen.

26. *Pizza Gregory Speck*

HEFETEIG (s. S. 9),
zur Hälfte
mit Roggenmehl
· 2 Zwiebeln
· 60 ml Schlagsahne
· 60 g Crème fraîche
· 125 g Gorgonzola
· Salz, Pfeffer (schwarz),
· Oregano
· 200 g Speck
(in dünnen Scheiben)
· 50 g Rucola-Salat
· Olivenöl

Ofen auf 250°C vorheizen. Zwiebeln schälen und fein würfeln. Gorgonzola mit Crème fraîche und Schlagsahne verrühren, kräftig würzen und auf den Pizzateig geben. Speckscheiben darauflegen, mit Olivenöl übergießen und 15-20 Minuten vorbacken, dann Rucolablätter auf der Pizza verteilen und weitere 5-10 Minuten fertig backen.

27. *Riesen-Pizza*

HEFETEIG (s. S. 9)
- **200 g passierte Tomaten**
- **1 Zweig frisches Basilikum**
- **75 g Mozzarella-Käse**
- **frisch gemahlener Pfeffer**
- **Salz**
- **200 g Spinat (evtl. TK-Blattspinat)**
- **50 g Gorgonzola-Käse**
- **1 EL Pinienkerne**
- **100 g eingelegte Artischocken (aus der Dose)**
- **100 g gelbe Paprikaschoten**
- **75 g Gruyère-Käse**
- **100 g Champignons**
- **2 EL Olivenöl**
- **1 EL schwarze Oliven**
- **frischer Oregano**

Backofen auf 225°C vorheizen. Passierte Tomaten und gehackte Basilikumblätter mischen und auf einem Viertel des Hefeteiges verteilen. Mozzarella-Käse würfeln und darüber streuen. Mit Salz und Pfeffer würzen. Frischen Spinat putzen, abspülen und tropfnass bei schwacher Hitze in einem Topf zusammenfallen lassen. Dann den Spinat (auch aufgetauten TK-Spinat) gut ausdrücken und auf einem zweiten Viertel des Teiges verteilen. Gorgonzola zerbröckeln und zusammen mit den Pinienkernen darüber streuen. Mit Salz und Pfeffer würzen. Artischocken abtropfen lassen und vierteln. Paprika putzen, abspülen und in Streifen schneiden. Beides auf das dritte Viertel der Pizza streuen und würzen. Die Hälfte vom grob geraspelten Gruyère-Käse (ca. 40 g) darüber streuen. Pilze putzen, in Scheiben schneiden und das Öl darüber träufeln. Zusammen mit den Oliven auf das letzte Viertel streuen. Restlichen geraspelten Gruyère (ca. 40 g) darüber streuen, mit Salz und Pfeffer würzen. Bei 225°C 15-20 Minuten auf der unteren Einschubleiste backen. Vor dem Servieren mit Oreganoblättchen bestreuen.

28. Pizza Putana (Putenquiche mit Lauch)

QUARK-ÖL-TEIG (s. S. 15), verfeinert mit 1 TL Oregano
- **500 g Putenschnitzel**
- **Olivenöl**
- **2 Knoblauchzehen**
- **Salz, Pfeffer, Paprika**
- **500 g Lauch**
- **2 Eier**
- **200 g Schmand**
- **100 ml Schlagsahne**
- **100 g pikanter Käse, gerieben**
- **15 schwarze Oliven**

Backofen auf 200°C vorheizen. Fleisch in 2 cm dünne Streifen schneiden und 3 Minuten in Olivenöl anbraten. Zerdrückten Knoblauch und Gewürze dazumischen und vom Herd nehmen. Lauch waschen, putzen und in schmale Streifen schneiden. In Olivenöl andünsten, mit Salz und Pfeffer würzen. Eier mit Schmand, Schlagsahne und Käse verrühren, mit Salz und Pfeffer würzen. Lauch, Oliven und Putenstreifen auf dem Teigboden verteilen, Eier-Sahne-Mischung darüber gießen und 40-45 Minuten backen.

29. *Sauerkrautwähe*

MÜRBETEIG (s. S. 13)
· **200 g magerer Speck (in Scheiben)**
· **250 g Zwiebeln**
· **1 EL Butter**
· **400 g Sauerkraut (frisch oder aus der Dose)**
· **300 g Schweinebraten oder Kasseler**
· **1 Apfel**
· **1 Zweig Majoran**
· **Salz, Pfeffer (weiß)**
· **2 Eier**
· **200 g Schlagsahne**
· **150 g Schmand**

Backofen vorheizen auf 190°C. Speck in heißem Fett knusprig braten und auf Küchenpapier abtropfen lassen, geschälte Zwiebeln würfeln und in Butter behutsam andünsten. Sauerkraut mit dem gewürfelten Schweinefleisch, dem gewaschenen und grob geraspelten Apfel und den gehackten Majoranblättern zusammen in einen Topf geben, salzen und pfeffern und bei milder Hitze 10 Minuten ziehen lassen. Teig 15 Minuten vorbacken, dann lagenweise mit Sauerkraut und Speck belegen (dabei 4 Scheiben Speck zurückhalten).

Eier mit Sahne und Schmand verrühren, salzen und pfeffern und auf dem Kraut verteilen. Wähe 45 Minuten lang fertig backen, dann den restlichen Speck auflegen und weitere 5 Minuten backen.

30. *Ringelkuchen*

HEFETEIG (s. S. 9)
· **1 Zwiebel**
· **1 EL Öl**
· **1 Bd. Petersilie (glatt)**
· **250 g Schinkenspeck**
· **250 g Emmentaler**
· **1 Ei**

Zwiebel schälen, würfeln und in Öl andünsten, mit fein gehackter Petersilie, gewürfeltem Schinkenspeck, grob geriebenem Käse, der Zwiebel und mit dem Ei verrühren. Hefeteig ausrollen (ca. 40 x 34 cm), Füllung darauf verteilen und Teig von der Schmalseite her aufrollen. Backofen vorheizen auf 180°C. Teigrolle in 4 cm dicke Scheiben schneiden, in eine gefettete Springform legen, nochmals 20 Minuten gehen lassen und 30 Minuten backen.

31. *Pizza Hawaii*

HEFETEIG (S. S. 9)
- **250 g gekochter Schinken**
- **1 kleine Dose Ananas in Stücken**
- **1 kleine Dose Gemüsemais**
- **150 g geriebener Käse (z.B. Emmentaler, Gouda)**

Backofen auf 200°C vorheizen. Schinken klein schneiden und gleichmäßig mit Ananasstücken und Mais über dem Teig verteilen, Käse darüber streuen und ca. 30 Minuten backen.

32. *Pizza Margherita*

HEFETEIG (s. S. 9)
· **750 g Tomaten (geschält)**
· **250 g Mozzarella**
· **Salz,**
schwarzer Pfeffer
· **4 EL Olivenöl (kaltgepresst)**
· **1 Bd. Basilikum**

Ofen vorheizen auf 250°C

Tomaten in kleine Würfel schneiden. Mozzarella in dünne Scheiben schneiden. Den Teig gleichmäßig ausrollen und auf das Blech legen, mit Tomatenwürfeln und Mozzarellascheiben belegen. Salz und Pfeffer darauf streuen, anschließend mit etwas Olivenöl beträufeln.

Pizza 15 Minuten backen. Basilikumblättchen auf der vorgebackenen Pizza verteilen. Das restliche Öl auf die Blättchen träufeln und alles noch 5-10 Minuten backen, bis die Kruste hellgelb geworden ist.

33. *Bunte Gemüsepizza*

HEFETEIG (s. S. 9)
- **150 g Möhren**
- **150 g Zucchini**
- **1 gelbe Paprikaschote**
- **100 g durchwachsener Speck**
- **300 g geschälte Tomaten**
- **Salz, schwarzer Pfeffer, Oregano**
- **100 g Ricotta-Käse**
- **2 EL Olivenöl (kaltgepresst)**
- **frischer Oregano zum Bestreuen**

Ofen auf 250°C vorheizen.

Gemüse putzen. Möhren und Zucchini in Scheiben, die Paprika in feine Streifen schneiden. Möhrenscheiben kurz (2 Minuten) blanchieren, in Eiswasser abschrecken. Den Speck sehr fein würfeln. Tomaten würfeln, auf dem Teig verstreichen, Gemüse und Speck darauf verteilen. Mit Pfeffer, Salz und Oregano würzen. Käse darüber streuen. Mit Olivenöl beträufeln. Die Pizza in etwa 20-25 Minuten goldbraun backen. Mit frischen Oreganoblättchen bestreuen.

34. Pizza Calzone (gefüllt mit Mangold und Ricotta)

HEFETEIG (s. S. 9),
verfeinert mit fein
gehackter Petersilie
·1 kg Mangold
·2 kleine Zwiebeln
·3 Knoblauchzehen
·6 EL Olivenöl
(kaltgepresst)
·Salz, schwarzer Pfeffer
·100 g Ricotta-Käse
·100 g Mozzarella

Backofen vorheizen auf 250°C.

Mangold waschen, putzen und in feine Streifen schneiden. Zwiebel fein würfeln, Knoblauch schälen und durchpressen. Alles in 3 EL Olivenöl anschmoren, bis die Flüssigkeit verdampft ist. Mit Salz und Pfeffer kräftig abschmecken. Den Ricotta mit der Gabel zerdrücken. Mozzarella in kleine Würfel schneiden, Käse unter die Mangoldmasse mischen. Eine Hälfte des Teigs mit der Masse belegen – dabei einen 2 cm breiten Rand lassen. Die andere Hälfte über die Füllung klappen und mit den Zinken einer Gabel den Rand fest zusammendrücken. Oberfläche mit 1 Esslöffel Olivenöl einpinseln. Die Calzone 35 Minuten backen, zwischendurch nochmals mit Öl einpinseln.

35. *Ian's Cheese Pie*

MÜRBETEIG (s. S. 13)
- **500 g Zwiebeln**
- **3 EL Butter**
- **2 Eier**
- **300 ml Sahne**
- **Salz, Pfeffer**
- **100 g Gouda (gerieben)**
- **2 Fleischtomaten**
- **1 Eigelb zum Bestreichen**

Eine Hälfte des Teigs in der Springform auslegen, Zwiebeln schälen, würfeln und in Butter dünsten, auf den Teig geben. Backofen auf 200°C vorheizen. Eier mit Sahne und Gewürzen verrühren und darüber gießen. Käse darüber streuen, Tomaten in Scheiben schneiden und darauflegen, den Pie mit einem Deckel aus der zweiten Hälfte des Teigs schließen und mit Eigelb bestreichen. 15 Minuten bei 200°C und weitere 25 Minuten bei 180°C backen.

36. *Spargelfocaccia*

MÜRBETEIG (S. S. 13)
- **2 Weizentoastbrot-scheiben**
- **2 Knoblauchzehen**
- **60 g Parmesan (frisch gerieben)**
- **850 g Spargel, grüner**
- **2 EL Olivenöl**

Backofen vorheizen auf 200°C. Geröstetes Toastbrot in kleine Würfel schneiden, Knoblauch zerdrücken, beides zusammen mit der Moulinette zerkleinern. Parmesan fein reiben und Olivenöl dazugeben. Spargelenden abschneiden, Rest nur am unteren Drittel schälen. Spargelstangen dicht an dicht so auf den Teig legen, dass sich Spitzen und Enden abwechseln. Die Brösel darüber verteilen. Die Focaccia 25-30 Minuten goldbraun backen.

Variationen:
1. In Öl gedünstete Zwiebelstreifen auf dem Teigfladen verteilen, mit Olivenöl beträufeln und backen.
2. Den Teigfladen mit Tomatensoße, gehackten Sardellen und Oliven, Basilikum und Oregano belegen, mit Öl beträufeln und backen.

37. *Knäckebrotpizza*

- **4 Knäckebrotscheiben (groß und rund)**
- **1 Pckg. Tiefkühl-Blattspinat**
- **1 Zwiebel**
- **2 Knoblauchzehen**
- **2 EL Olivenöl (kaltgepresst)**
- **Salz, schwarzer Pfeffer**
- **Oregano**
- **50 g Parmesan (frisch gerieben)**
- **250 g Gouda (mittelalt)**
- **200 g Mozzarella-Käse**
- **250 g Cocktailtomaten**

Ofen auf 250°C vorheizen, Blech einmehlen und Knäckebrotscheiben daraufsetzen. Spinat antauen lassen. Zwiebel schälen, in kleine Würfel schneiden. Knoblauch schälen, fein hacken und beides in Olivenöl kurz andünsten. Spinat dazugeben und 10 Minuten mitschmoren lassen. Etwas abkühlen lassen und überschüssige Flüssigkeit gut herauspressen, Spinat grob hacken. Mit Salz, Pfeffer, Oregano und Parmesan würzen.

Gouda in dünnen Scheiben auf dem Knäckebrot verteilen, vorgegarte Spinatmasse darauf streichen. Mozzarella in dünnen Scheiben darauflegen, nochmals mit Pfeffer und Salz würzen. Cocktailtomaten waschen und Stielansätze entfernen. Tomaten dekorativ auf den Pizzen anrichten. Etwa 15 Minuten backen.

38. Torta Pasqualina (Ligurische Ostertorte mit Spinat)

- **8 Scheiben Blätterteig (TK)**
- **4 Eier**
- **1 Eigelb**
- **800 g Blattspinat (TK)**
- **Salz**
- **400 g Ricotta-Käse**
- **Pfeffer, schwarz**
- **Thymian**
- **80 g geriebener Parmesan**
- **2 EL Öl**

Backofen auf 190°C vorheizen. Blätterteigscheiben nebeneinander gelegt auftauen. 4 Eier hart kochen. Spinat auftauen, auspressen und fein hacken. Mit Salz in Olivenöl ca. 10 Minuten schmoren, abkühlen lassen. Ricotta und Parmesan mit Pfeffer und Thymian daruntermengen. 5 Blätterteigscheiben zu einer Fläche ausrollen, eine Form damit auslegen, die hart gekochten Eier halbieren und in die Form legen, das Spinat-Ricotta-Gemisch darüber verteilen, aus den restlichen Blätterteigscheiben einen Deckel formen und darüber decken, mit Eigelb bestreichen und 45 Minuten backen.

39. *Gemüsewähe*

QUARK-ÖL-TEIG (s. S. 15)
- **2 Zwiebeln**
- **je 1 gelbe und rote Paprikaschote**
- **2 Stangen Porree**
- **250 g Karotten**
- **2 EL Butter**
- **1 Dose Mais**
- **1 Bd. Petersilie (bzw. 1 Pckg. TK-Petersilie)**
- **Salz, schwarzer Pfeffer**
- **3 Eier**
- **150 g Crème fraîche**
- **150 ml Schlagsahne**
- **120 g pikanter Käse (z.B. Gruyère, Appenzeller)**
- **frisch geriebene Muskatnuss**

Backofen auf 180°C vorheizen. Zwiebeln schälen und fein würfeln, Paprika und Karotten in feine Würfel schneiden. Gesäuberte Porreestangen quer in dünne Streifen schneiden. Zwiebeln in Butter anbraten, dann Paprika, Karotten und Porree hinzufügen und dünsten. Abgetropften Mais und gehackte Petersilie dazugeben, mit Salz und Pfeffer würzen.

Gemüse auf dem Teig verteilen. Eier mit Créme fraîche, Sahne und geraffeltem Käse verrühren, mit Muskatnuss und Salz würzen und über das Gemüse geben. 40 Minuten backen.

40. *Gorgonzola-Quiche*

QUARK-ÖL-TEIG (S. S. 15)
- **4 dünne Zucchini**
- **1 gr. Dose geschälte Tomaten**
- **3 EL Butter**
- **2 Knoblauchzehen**
- **Salz, schwarzer Pfeffer**
- **1 TL Oregano**
- **1 TL Thymian**
- **1 TL Paprika**
- **150 g Gorgonzola**
- **200 g Schmand**
- **50 ml Schlagsahne**

Backofen auf 180°C vorheizen. Zucchini waschen und in dünne Scheiben schneiden und in Butter andünsten, Tomaten und zerdrückten Knoblauch hinzugeben, mit Salz, Kräutern und Gewürzen abschmecken, das Ganze auf dem Teig verteilen. Gorgonzola mit einer Gabel zerdrücken und mit Schmand und Sahne vermischen, das Ganze über das Gemüse gießen. 40 Minuten backen.

41. *Spinat-Gorgonzola-Quiche*

- 1 Pckg. TK-Blätterteig à 450 g
- Mehl zum Ausrollen
- 2 Pckg. TK-Blattspinat à 450 g
- 400 g Gorgonzola-Käse
- Salz, Pfeffer
- Muskatnuss
- 3 Eier
- 300 g Schmand

Backofen vorheizen auf 200°C. Blätterteig antauen lassen und auf Mehl ausrollen, Teigplatten auf ein Blech legen, 15 Minuten vorbacken. Aufgetauten Spinat ausdrücken, zerdrückten Gorgonzola dazumischen und würzen. Eier und Schmand verrühren und ebenfalls würzen. Spinat mit Käse auf den Teig geben, Eiercreme darüber gießen und die Quiche ca. 20 Minuten fertigbacken.

42. *Aprikosen-Marzipan-Pizza*

HEFETEIG (s. S. 9),
ergänzt um 100 g
Zucker
· 250 g Marzipan-
Rohmasse
· 150 g Crème fraîche
· 2 EL Amaretto
oder Aprikosenlikör
· 2 EL Zitronensaft
· 300 g frische
Aprikosen
oder 250 g entsteinte
aus der Dose

Ofen auf 250°C vorheizen. Den Teig ausrollen und auf das Blech legen, am Rand einen kleinen Wulst bilden. Marzipan zerbröckeln und mit Crème fraîche, Likör und Zitronensaft zu einer cremigen Masse verrühren. Gleichmäßig auf dem Teig verteilen. Aprikosen waschen, halbieren, entkernen und in dünne Spalten schneiden. Konservenfrüchte gründlich abtropfen lassen, ebenfalls in dünne Spalten schneiden. Mit den Aprikosenspalten auf der unteren Längsseite der Pizza eine halb unterge-gangene Sonne legen, mit weiteren Spalten nach allen Seiten Strahlen hochziehen. Die Pizza 20-25 Minuten goldgelb backen. Am besten schmeckt sie noch warm und mit einer Kugel Vanilleeis.

43. *Provencalische Apfeltarte*

MÜRBETEIG (S. S. 13)
- **3 Boskoop-Äpfel**
- **1 Zitrone**
- **1 EL Puderzucker**
- **3 EL Butter**
- **Calvados (ersatzweise Aprikosenkonfitüre)**
- **ggf. Schlagsahne**

Backofen auf 180°C vorheizen. Dünn ausgerollten Mürbeteig in die Tortenform legen und 10 Minuten vorbacken. Äpfel schälen und vierteln und in dünne, halbmondförmige Scheiben schneiden. Zitronensaft darüber geben, Puderzucker darüber streuen und vorsichtig mischen. Vorgebackenen Tarte-Boden dicht mit den Äpfeln belegen, mit flüssiger Butter bestreichen und weitere 30 Minuten im oberen Drittel des Backofens backen. Kurz abkühlen lassen, dann mit Calvados übergießen und servieren (nach Geschmack mit Schlagsahne). Kinder-Variante: Äpfel nach dem Backen dünn mit Aprikosenmarmelade bestreichen und Calvados weglassen.

44. *Heidelbeerwähe*

QUARK-ÖL-TEIG (S. S. 15)
· **500 g Heidelbeeren**
· **150 g Crème fraîche**
· **150 g Schlagsahne**
· **4 EL Zucker**
· **Zimt und Zucker**

Ofen auf 180°C vorheizen. Heidelbeeren waschen und abtropfen lassen, auf den Teigboden geben. Crème fraîche mit Sahne und Zucker verrühren und darüber gießen. 40 Minuten backen, mit Zimtzucker bestreuen und warm servieren.

45. Johannesbeerpizza mit Pistazien

MÜRBETEIG (s. S. 13)
angereichert mit
75 g Zucker
·400 g gemischte
Beeren (Himbeeren,
Erdbeeren, schwarze
und rote Johannis-
beeren, Brombeeren)
·75 g Crème fraîche
·1 Eigelb
·1 TL Speisestärke
·100 g Zucker
·50 g gehackte
Haselnüsse
·2 Hand voll gehackte
Pistazien

Backofen vorheizen auf 220°C. Die Beeren putzen. Die Erdbeeren vierteln. Die Crème fraîche mit Eigelb, Stärke und 50 g Zucker verrühren, den Teig damit bestreichen. Dann die Beeren und Haselnüsse darauf legen. 15 Minuten backen. Noch heiß mit dem restlichen Zucker und den Pistazien bestreuen.

46. *Kirsch-Pizza mit Mascarpone*

HEFETEIG (S. S. 9)
- **100 g Zartbitter-Schokolade**
- **300 g Mascarpone**
- **2 EL Zucker**
- **1 Pckg. Vanillezucker**
- **1 Glas Schattenmorellen (= 370 g Einwaage)**
- **50 g gehobelte Mandeln**

Ofen auf 250°C vorheizen. Den Teig ausrollen und auf das Blech legen, am Rand einen kleinen Wulst bilden. Mascarpone mit grob gehackter Schokolade, Zucker und Vanillezucker cremig rühren, auf den Teig streichen. Kirschen gut abtropfen lassen und dekorativ über die Pizza verteilen. Mandeln darüber streuen. 20-25 Minuten backen.

Kleines Format, große Rezepte:
Aldidente mini

3-8218-3767-5

3-8218-3768-3

3-8218-3763-2

3-8218-3762-4

3-8218-3761-6

3-8218-3769-1

Jeder Band
broschiert · 64 Seiten
€ 2,99 (D) · sFr 5,90

 Eichborn.
Kaiserstraße 66
60329 Frankfurt
Telefon: 069 / 25 60 03-0
Fax: 069 / 25 60 03-30
www.eichborn.de

Wir schicken Ihnen gern ein Verlagsverzeichnis.